À Luz da Nova Era

Um Manual de Cura para a Alma

Silvia M. D. Domingos

À Luz da Nova Era

Um Manual de Cura para a Alma

© 2018, Madras Editora Ltda.

Editor:
Wagner Veneziani Costa

Produção e Capa:
Equipe Técnica Madras

Digitação:
Cida Bellem

Revisão:
Silvia Massimini Felix
Arlete Genari

Dados Internacionais de Catalogação na Publicação (CIP)
(Câmara Brasileira do Livro, SP, Brasil)

Domingos, Silvia Maria D.
À luz da Nova Era: um manual de cura para a alma/Silvia M. D. Domingos.
– São Paulo: Madras, 2018.

ISBN 978-85-370-1106-5

1. Canalização (Espiritismo) 2. Grande Fraternidade Branca 3. Mestres Ascensos 4. Nova Era (Movimento esotérico) 5. Reino de Deus 6. Vida espiritual I. Título.

17-10247 CDD-299.93

Índices para catálogo sistemático:
1. Mensagens canalizadas: Mestres Ascensos: Grande Fraternidade Branca: Religiões de natureza universal 299.93

É proibida a reprodução total ou parcial desta obra, de qualquer forma ou por qualquer meio eletrônico, mecânico, inclusive por meio de processos xerográficos, incluindo ainda o uso da internet, sem a permissão expressa da Madras Editora, na pessoa de seu editor (Lei nº 9. 610, de 19/2/1998).

Todos os direitos desta edição reservados pela

MADRAS EDITORA LTDA.
Rua Paulo Gonçalves, 88 – Santana
CEP: 02403-020 – São Paulo/SP
Caixa Postal: 12183 – CEP: 02013-970
Tel. : (11) 2281-5555 – Fax: (11) 2959-3090
www. madras. com. br

Agradecimentos

Agradeço à querida amiga Carmem Balhestero
pelo apoio e inspiração.
À Elisete Nataline pela ajuda na gravação das mensagens.
À artísta plástica Jane Viegas pela pintura da 4ª capa
e ao fotógrafo Cícero Viegas pela foto.
À Sandra Sherin Veronese e a todos do grupo de oração
e meditação, pelo carinho e amizade.

Índice

Apresentação 11

Amados Leitores 13

Oração de Maitreya 15

Mensagens dos Mestres Ascensos

Brasília, 30 julho de 2014 18

São Paulo, 31 de julho de 2014 21

Brasília, 6 de agosto de 2014 23

Brasília, 14 de outubro de 2014 27

São Paulo, 15 de novembro de 2014 29

Brasília, 26 de novembro de 2014 32

São Paulo, 10 de dezembro de 2014 34

São Paulo, 16 de dezembro de 2014 36

São Paulo, 5 de janeiro de 2015 38

São Paulo, 7 de janeiro de 2015 42

São Paulo, 4 de fevereiro de 2015 45

Brasília, 11 de março de 2015 48

Brasília, 23 de março de 2015 51

Brasília, 18 de junho de 2015 53

Brasília, 29 de julho de 2015 56

São Paulo, 6 de agosto de 2015 58

São Paulo, 12 de agosto de 2015 61

São Paulo, 19 de agosto de 2015 65

Brasília, 3 de setembro de 2015 67

São Paulo, 25 de dezembro de 2015 69

São Paulo, 18 de janeiro de 2016 70

São Paulo, 28 de janeiro de 2016 73

Índice

São Paulo, 3 de março de 2016 76

São Paulo, 18 de março de 2016 80

São Paulo, 31 de março de 2016 82

São Paulo, 24 de abril de 2016 84

São Paulo, 26 de abril de 2016 86

Brasília, 19 de maio de 2016 89

São Paulo, 30 de maio de 2016 92

São Paulo, 22 de junho de 2016 96

São Paulo, 26 junho de 2016 99

São Paulo, 11 de outubro de 2016 100

São Paulo, 19 de fevereiro de 2017 102

São Paulo, 20 de março de 2017 104

São Paulo, 30 de julho de 2017 107

São Paulo, 21 de junho de 2017 109

O Mer-Ka-Ba 111

Apresentação

Por meio da sensibilidade da nossa querida amiga Sílvia Domingos, você tem a oportunidade de conhecer melhor os Mestres da Grande Fraternidade Branca, curando sua alma e fortalecendo o caminho rumo à Felicidade Individual. Em À Luz da Nova Era – *Um Manual de Cura para a Alma*, Sílvia nos transporta a uma viagem interna para que possamos reconhecer nossos limites e transmutá-los, bem como enxergar além de nossos caminhos individuais, expandindo a consciência e reconhecendo nossos novos potenciais.

Permita-se receber as bênçãos de um novo ciclo, fundamentado no Discernimento e na Sabedoria, refletindo a essência da Presença EU SOU. Muitas são as escolhas, sempre, e depende de cada um de nós, de acordo com nossa consciência, decidir onde colocar nossa sintonia e seguir adiante com Fé e Determinação.

Viaje por estas páginas e vivencie a leveza de todo o Caminho de Amor e Luz ensinado pelos Mestres de Sabedoria.

Gratidão, Sílvia querida, por ser um puro canal de Luz de nossos amigos espirituais que tanto auxiliam a Humanidade nestes momentos de Transformação Individual e Planetária. Que Deus abençoe sua vida e toda a sua linda família com saúde e felicidade, eternamente.

Pax & Luz!

Eu Sou Carmen Balhestero

Amados Leitores

Este é o quarto livro de mensagens que entregamos, para que as palavras de Sabedoria dos Mestres alcancem o maior número de pessoas possível! E elas têm sido bálsamo e unguento para muitos corações!

As mensagens do *Magnificat I, II, III* e agora de *À Luz da Nova Era – Um Manual de Cura para a Alma* anunciam que não estamos sós, pois ao menor desejo por iluminação e paz, Eles, os Mestres, vêm ao nosso encontro com palavras de Sabedoria, de Amor e Paz, dando-nos oportunidades de aprimoramento e evolução espiritual!

Ensinam-nos, Eles, o caminho para o encontro com a plenitude de nosso ser nos cinco corpos: mental, emocional, etérico, físico e espiritual.

Por isso, aconselho a todos que leem estas mensagens a repetir a leitura várias vezes, para que esses ensinamentos formem raízes em suas consciências e possam crescer, florescer e dar frutos, que os alimentarão durante toda a trajetória de vida.

Gostaria, no entanto, de salientar que a palavra e a escrita podem elevar nossos espíritos, mas é somente praticando-as que podemos nos salvar, seguindo assim, através do Amor incondicional, o caminho de retorno ao Reino de Deus.

Estou muito feliz por mais um trabalho realizado!

Que ele seja um sopro de luz e bênçãos para todos que o lerem!

Paz, Amor e Luz

Silvia M. D. Domingos
(*Clarimaah*)

Oração de Maitreya

Cabeça da hierarquia espiritual

Deus é bondade, Deus é justiça. Em comunhão com as forças cósmicas, orando por todos os irmãos, por Todos os Seres da Natureza, eu, como uma parte do Todo, elevo ao Divino Pai esta súplica.

Deus! Seja Vossa Luz a estrada por onde trilharão meus pés.

Seja vossa bênção o conforto para minha vida, pureza para minha alma, serenidade e discernimento para minha mente. Desdobre minha alma em direção a vós, Senhor, para o encontro da Eternidade. Seja meu ser digno da dádiva da vida para que possais habitar meu íntimo.

Pai! Dai-me sabedoria e humildade para que eu possa compreender vossas divinas Leis, e dai-me inteligência e energia para difundi-las.

Que seja a bondade a espada com que me defenderei dos inimigos, e rogo para eles vossa misericórdia.

Que o amor e o perdão sejam os sentimentos cultivados por minha alma para que a Luz penetre em todos os recônditos de meu ser.

Dai-me paciência para relevar as fraquezas de meus semelhantes e dai-me forças para sobrepujar as minhas.

Que eu seja um instrumento de vossa Vontade para que, através de mim, vossa Seara seja aumentada para a grandeza de vosso Reino.

Perdoai, Senhor, aqueles que estão no erro, e dai-lhes a suprema felicidade de conhecer a Beleza de vosso Reino e a Eternidade de Vosso Amor que ilumina, sem distinção, toda a Criação.

Que a Onipotência de vosso Amor, como sublime promessa, se estenda sobre mim, abençoando meu ser. E que as portas do futuro sejam par a par com o infinito! Amém.

Mensagens dos Mestres Ascensos

Brasília, 30 de julho de 2014

"O Merkaba"

Amada filha Clarimaah e amados filhos,

Que o coração amoroso do Cristo Jesus preencha vossos corações e almas para que, com sabedoria e discernimento, possais receber as mensagens para os novos tempos.

Sabei que 2014 traz muitas mudanças, tanto climáticas quanto em nível de vosso próprio DNA, que está sendo infiltrado com o que há de mais sublime da Luz esplendorosa de Deus Pai Criador.

Portanto, amados, recebei, com confiança e abertura de vossas mentes e corações, esse presente que está sendo enviado para que haja o aprimoramento da raça humana.

Esses bebês que estão chegando já trazem consigo no desdobramento de seus corpos físico, etérico, espiritual e mental faixos de Luzes em Sabedoria e Bondade que irão se expandir cada vez mais, inundando e influenciando a todos com seus modos sutis, leves e benéficos.

Amados discípulos, já podeis identificar rapidamente crianças as quais chamam de índigo, cristal e diamante. Tudo isso faz parte simplesmente de um movimento universal de evolução dos planetas, e tudo está certo, caminhando na mais perfeita Ordem divina.

Cada filho de Deus neste momento do Planeta, uns menos, outros mais, e estes em sua maioria, estão sentindo o chamado para o cumprimento de suas missões, no patamar de mudanças para a Quinta Dimensão do Planeta. E para isso estão sendo derramadas muitas bênçãos com Luzes e inspirações divinas dos grandes Mestres, espíritos de Luz a serviço nos Reinos celestes, que trabalham incessantemente, cada um em seu setor, para essa grande realização aos povos da Terra.

Amados filhos, permanecei em vossas próprias <u>presenças divinas</u>, não vos distraindo com os chamados da Terceira Dimensão, que serão cada vez mais intensos, por conta das forças contrárias. Colocai-vos dentro de vossas próprias estrelas de Luz, que é o Merkabah de todo discípulo consciente. Esse Merkabah, representado por uma estrela brilhante de cinco pontas, é vossa própria cápsula espacial, que vos levará a todos os cantos do Planeta e do Universo, sempre que precisardes, em viagens cósmicas de aprendizado e iluminação. Estando na Terra, estareis ao mesmo tempo nos mundos espirituais de Luz e Libertação. Podereis aprender, então, com o tempo, a vos defender, limpar e energizar.

Sereis, amados, instruídos pelas milícias celestes a como vos defender de todas as situações de angústia e desconforto, tornando-vos mais fortes e invencíveis na força maior do Espírito de Deus.

Amados, digo-vos, pois, que essas viagens serão daqui para a frente mais frequentes, estando à disposição de todos aqueles discípulos que desejarem. Trago a todos vós que leem esta mensagem agora um raio de Luz cristalino azul cobalto que vos envolve da cabeça aos pés, inundando-vos por dentro e por fora, limpando, curando e energizando vossos quatro corpos inferiores: mental, emocional, etérico e físico.

Força e coragem, amados discípulos, estarei sempre convosco!

Com amor, Paz e Luz
Eu Sou El Morya Khan

São Paulo, 31 de julho de 2014

Grupo de oração

Amados discípulos,

Lembrai-vos sempre, tendes uma missão de muita importância para vosso planeta!

Vós, em vossas presenças divinas, sabeis muito bem qual é essa missão!

Nossa presença no meio de vós apenas recorda a cada um o que deveis fazer, aquilo que levareis à Nova Era, a mensagem da Paz, do Amor e da Liberdade. A Paz nos pensamentos, nas palavras e nos sentimentos que emanais a tudo e a todos.

O Amor incondicional e irrestrito que sentireis, por todos sem exceção, e a Liberdade que sentireis, e levareis como exemplo aos vossos irmãos, é o perdão a si mesmo e ao próximo.

Amados e amadas, isso tudo se engloba em uma só palavra: a "Caridade", e a Caridade não significa apenas dar algo pessoal, mas serdes caridosos nos pensamentos, nas palavras emitidas e nas atitudes. Significa muitas vezes omitir uma crítica e um julgamento, até aproximar-se de um pecador enaltecendo seu lado bom. Levar a Paz e a Harmonia onde existem incompreensões torna-se um ato de caridade. Apaziguar os ânimos com paciência, amor, compreendendo sempre o lado do irmão, também se torna um ato de caridade.

Garanto-vos, amadas, se assim fizerdes sereis amparadas e protegidas por uma Luz invencível, mesmo diante das adversidades.

Amadas discípulas, levai essa mensagem simples e sincera, mas de máxima importância, aos irmãos, pois é esta a palavra de vida que o Cristo vos ensina.

Estou a serviço do amado Planeta Terra para os próximos 2 mil anos, e a proposta para o futuro é um mundo de Paz e de Felicidade plena, pois uma nova raça de seres de Luz está a nascer, que mudará significativamente a energia do Planeta Terra. Estes são filhos da Luz que estão vindo para o aprimoramento e evolução da humanidade e vós, amadas filhas, estais no caminho da Luz e recebereis todas as ferramentas necessárias. Uma avalanche de Luz está vindo em milhões de seres de Luz que aqui já estão chegando.

Estou ao vosso dispor, mas, amadas filhas, é tudo muito simples. Colocai vossos corações em sintonia aberta e perfeita interligada às vossas presenças "Eu Sou"!

Estou muito feliz com esse encontro e abençoo a todos que aqui estão presentes, e que são muitos, a receber essa Luz por merecimento ou porque pediram.

Que esse encontro se repita mais vezes, para dar oportunidade aos vossos irmãos.

Eu Sou vosso amigo
Mestre e instrutor
Saint Germain

Brasília, 6 de agosto de 2014

A Nova Era e a conquista da Paz

Amados filhos,

Muito se tem feito pela Paz Mundial! São inúmeros os seres de Luz, Anjos, Arcanjos, Mestres Ascensos, Milícias Celestes, encabeçadas pelo Arcanjo Miguel e Sua Legião de Anjos, todos unidos nesse trabalho, em especial pela Paz na Terra.

A Terra precisa se preparar para a próxima etapa evolutiva dentre os Planetas! Precisa se organizar para alcançar uma energia mais leve, mais sutil, que só atingirá com o reconhecimento, dos seres humanos que nela habitam, de que:

Só o Amor liberta!

Só o Amor cura!

Só o Amor alimenta

a alma e o espírito!

Só o Amor transforma o

homem, de ser animalesco

a ser divino!

Só o Amor conduz ao

perfeito equilíbrio do

corpo e da alma!

Não existe segredo! Só o Amor divino, incondicional, é que levará o homem ao estágio mais elevado do conhecimento de si mesmo e do próximo, pois só entendendo, perdoando a vós mesmos e aos vossos irmãos alcançareis a verdadeira Sabedoria divina!

Assim, amados, cocriareis maravilhas junto a Deus Pai, que vos criou à Sua imagem e semelhança. Então todos serão Um só ser em Deus: o cientista, a dona de casa, o chefe de governo, o empregado, o jardineiro, o médico, o engenheiro, a costureira, o alfaiate, o político, o escritor, o pintor, a faxineira, o economista, o cantor, o poeta, o sacerdote, o palhaço, o encanador, o eletricista, o sapateiro, o industrial, o agricultor, o comerciante, o garçom, a cabeleireira, a doceira, o guarda, o soldado, o pregador religioso, etc.

Enfim, meus queridos, o dom de Deus com sua centelha de Luz habita em todos os homens e mulheres do Planeta, bons ou maus.

Todos são originalmente bons!

A escolha de cada um é que determinará suas características ao sair da infância para a adolescência.

"Tornai-vos crianças para entrar no Reino dos Céus", assim disse Jesus, o Cristo!

Na pureza da criança podereis encontrar a chave para a conduta de vossas almas, o sentimento puro na verdade!

Os pais muitas vezes transferem suas próprias fraquezas, medos, dúvidas e traumas às crianças, que são na verdade como recipientes vazios à espera de serem preenchidos.

Que nesta Nova Era possais ser pais e mães que, ao invés de poluir os filhos com os próprios medos, deixem fluir a confiança e a sabedoria nata da própria criança, colocando em seus recipientes apenas o necessário à sua própria sobrevivência e base para o relacionamento humano.

Enfim, amados, sede simples em todos os julgamentos, atos, pensamentos e palavras.

As coisas de Deus são muito simples, pois contêm em toda a sua totalidade o Amor universal.

"A Verdade vos libertará", já disse o Mestre.

Sede verdadeiros em vossas ações no pensar, nas palavras e nos julgamentos.

Sede amorosos com tudo e todos.

"Amai ao próximo como a vós mesmos e amai aos vossos inimigos", assim diz o Mestre.

"Sede amorosos, no falar, no pensar e no agir."

Assim fazendo, saireis rapidamente da roda cármica, ingressando na Nova Era, em sintonia às hostes celestes e ao mundo da Quinta Dimensão, ainda aqui neste Planeta.

Essa é a promessa para os novos tempos!

Com carinho,
Estou sempre convosco.
Paz e Luz,
Eu Sou Saint Germain*

---

* Para melhor esclarecimento sobre o Mestre Saint Germain e a Grande Fraternidade Branca, leia o meu livro *Magnificat II*.

Brasília, 14 de outubro de 2014

Amados discípulos e amada discípula,

Não deveis esperar só perfeição de vossos irmãos, pois vós também não sois perfeitos e muitas vezes precisais de correção e esclarecimento para entender os movimentos e propósitos de Deus Pai a seus filhos.

Aconchego-vos agora em meu coração, aspergindo-vos com o perfume das rosas e inundando-vos com a chama violeta e raios dourados que penetram e interpenetram vossos quatro corpos: emocional, mental, etérico e físico.

Convido-vos esta noite para um encontro: enquanto dormis, ide ao retiro etérico da chama violeta nos Templos do Saber, para que sejais instruídos com ensinamentos e palestras, proferidas pelos grandes Mestres da Luz Maior de Deus Pai.

Ali então recebereis toda orientação necessária de como vos conduzirdes nestes tempos de mudanças.

E, amados, estarei sempre aqui ao vosso lado e ao vosso dispor, para todas as vezes que precisardes de um apoio ou esclarecimento.

Amada Clarimaah, serás tocada por uma intensa Luz que te abraçará por inteiro, para, assim como uma estrela brilhante de Luz, levares a todos os cantos a Paz, o Amor, a Sabedoria e a harmonia celeste.

Confia, confia, minha amada pupila, pois nada passa despercebido aos olhos Daquele que tudo criou e tudo conduz, nosso Pai Criador de todos os Universos.

O Cristo Jesus, com sua Presença amorosa, te ensina sempre a:

- *Amar incondicionalmente;*

- *Perdoar 70 X 7;*

- *Liberar toda dúvida, medo ou dor.*

- *Acolher só harmonia, beleza alegria e esperança no coração.*

Permaneças assim, minha filha amada, com a Luz do Pai em teu doce coração formando um escudo de proteção invencível!

Conto contigo para essa Nova Era de oportunidades em que tantos irmãos poderão enfim encontrar essa Luz, em um momento de retorno às origens Verdadeiras de seus seres benditos, Luz que outrora tanto buscaram.

Agora apaziguo teu ser com uma chuva de rosas azuis, douradas e rubis, que inundam com perfume e cores todo o teu ser.

Estou e sempre estarei convosco,
Eu Sou Jesus o Cristo e
Eu Sou Saint Germain

São Paulo, 15 de novembro de 2014

"Coragem", "Um presente de Deus"

Amada discípula Clarimaah,

Estamos e sempre estaremos acompanhando-te em teu caminhar no Planeta Terra.

Levamos com isso todo o nosso Amor, Luz e Sintonia Divina ao teu ser, que revigorado prossegue andando para a frente e para o Alto.

Contamos contigo, amada filha, para a ajuda a teus irmãos, levando através das mensagens todo o frescor e leveza das palavras dos Mestres, que, inspirados pelo divino Espírito Santo, enviam a ti tudo o que for preciso para renovar e transmutar todas as energias que atuam na humanidade.

A Coragem, minha amada, te trazemos nesta noite, e a todos aqueles que leem esta mensagem, para que foquem essa virtude e ela permaneça implantada firme e profundamente em seus seres!

Amados discípulos,

Louvai por essa oportunidade e presente que vos damos com muito Amor!

Assim, com essa Fé inabalável e confiança perfeita, caminhareis pelos espaços da vida, plenos da força matriz, com alegria do porvir tão esperado, que agora já se inicia no Planeta, com força total, não havendo nada nem ninguém que poderia vos apartar dessa profusão de Amor e Luz que adentra a essa casa do Pai, limpando, energizando, clareando e saneando a tudo e a todos que aqui habitam.

Então, amados, abri os corações, abraçai essa energia tão poderosa de Amor incondicional, que escancara as carapuças, libera a energia mal qualificada e transmuta, como em um passe de mágica, tudo aquilo que não condiz com Deus Pai Criador.

Levai, pois, vossos espíritos, enquanto dormis, ao retiro do Altíssimo, junto aos Mestres de Sabedoria e aprendereis nos Planos mais elevados e etéricos tudo aquilo que é necessário a cada um em particular.

Enviaremos agora a bênção e a Paz aos lares, aos quais nos recomendaram, para que neste instante as famílias desses lares possam ser curadas, iluminadas, abençoadas e recebam tudo aquilo de que necessitam neste instante.

O Amor verdadeiro se compartilha, se espalha e se dá, e multiplicando aumenta cada vez mais de tamanho, vibrando em cores, sons e energia celeste a todos os cantos!

Clarimaah,

amada criança, eu e o grande Amado Mestre Jesus estamos e estaremos sempre contigo!

Poderás sentir isso cada vez mais, quando abrires o coração em sintonia e meditação. Livre e leve te sentirás então e, ao promoveres esse contato, receberás sempre o que pedires em oração!

Amado filhos,

Permanecei no Pai, permanecei no Cristo, permanecei no Divino Espírito Santo de Deus!

Eu Sou Vosso Mestre e
amigo Saint Germain

Brasília, 26 de novembro de 2014

O Brasil e a Nova Era

Amados discípulos,

Estou e estarei o tempo todo junto de vós para amparar-vos, proteger-vos, abençoar-vos e também a todos de vossas famílias.

Filhos amados, permanecei na Presença Divina de vosso coração, ligados às forças do Alto, junto a Deus Pai-Mãe, criador de todos os Universos!

Ligai-vos rapidamente aos altos escalões da espiritualidade, entregando todas as vossas pré-ocupações que, como já se diz, são "pré", e não deveis empreender energias a elas, pois só reforçam o sentimento do medo que não condiz com os discípulos verdadeiros de Deus Pai.

O Cristo Jesus tendes como Mestre!

O Brasil será o celeiro de Amor e Luz da humanidade e a pátria do Evangelho, e é por meio das palavras do Evangelho do Cristo que muito se tem a fazer, meus filhos!

O Brasil passa por sérias transformações e, neste instante, reciclam os valores, vibram todas as energias, que muitas vezes se extrapolam, tudo na ânsia inconsciente de muitos que sentem a necessidade de mudança.

Mas todos precisam saber que mudanças se realizam com Paz no coração e realização da Vontade Divina, com coragem que é agir com o coração.

Apelai, todos, pelo discernimento do Espírito Santo neste momento, para que tudo seja direcionado ao Bem Maior, onde tudo e todos serão "Um Só Coração".

Deus Pai quer seus filhos unidos com Amor, Perdão, Compaixão e Caridade.

Só assim saireis da roda cármica, e o Brasil e o Planeta também precisam sair, para que ingressem na Quinta Dimensão à Nova Era!

Eu, Saint Germain, vos acompanho e protejo para que tudo isso se realize na Vontade Maior de Deus, com perfeição e amorosidade.

Aliviarei neste momento, amados, todas as vossas tensões e apreensões. Recebei, pois, a bênção do Divino Espírito Santo com eflúvios de perfumes de rosas, violetas e sândalo, inundando todo o vosso ser mental, emocional, etérico e físico.

Que as Luzes do Senhor Deus Pai, do Filho e do Espírito Santo abençoem vosso caminho!

Com carinho e Amor,
Eu Sou Saint Germain

São Paulo, 10 de dezembro de 2014

"Chuva de bênçãos"

Amada filha,

Querida filha, percebes que o momento é de muita vigília no orai e vigiai de tua alma, através de pensamentos e escolhas.

Nunca penses que estás só! Eu sou teu Mestre amigo e companheiro, e com o Amor Crístico te envolvo todos os dias de tua vida.

A comparação é como alguém que tem na frente uma paisagem deslumbrante, mas está de olhos fechados.

Abre teus olhos, minha filha, a nós que aqui estamos a aspergir-te com bálsamo e rosas e o incenso, inundando-te dos pés à cabeça em teus quatro corpos, mental, emocional, etérico e físico!

Faz, pois, um traçado de rotina de vida onde, ao acordar, já saibas o programa para aquele dia; sempre procurando o Reino de Deus em primeiro lugar, assim todas as outras coisas no decorrer do dia te serão dadas como acréscimo.

Hoje recebeste a proteção necessária, nada temas, pois tudo está bem feito por Deus Pai e Criador! Louva por tudo em tua vida!

Estarei contigo no encontro com tuas amigas de oração de Brasília, e inspirar-te-ei o que deves fazer.

Entrega tudo a Deus, aos Mestres e a mim, que sou teu Mestre e protetor nesta vida!

Eu te abençoo neste instante e à tua família, marido, filhos, filhas, noras, genros e netos com a Luz do Divino Espírito Santo, com os raios azul cobalto do Arcanjo Miguel e sua legião de Anjos e Mãe Maria, derramando em todos pétalas de rosas cor-de-rosa e azuis com dourado!

Com amor,
Eu Sou Saint Germain,
junto com teu Mestre Jesus Cristo!

São Paulo, 16 de dezembro de 2014

Conselhos do Mestre para a Nova Era

Fé e confiança!

Esta é uma era de oportunidades de provar a fé e a confiança em Deus Pai e Criador. O ano de 2014 é o início da Nova Era de mudanças e transformações.

Uma Era de fazer as escolhas e usar a chama violeta como ferramenta que está à disposição dos discípulos para usá-la junto com o Mestre Saint Germain.

Uma era de transformações internas de cada um e buscar no próprio ser o caminho e as respostas e de escolhas diárias a cada minuto e segundo; de escolher o que pensar, falar, escrever, sentir e agir, e ingressar assim na Quinta Dimensão da Nova Era.

E os conceitos antigos, deixá-los para trás, pois não são mais oportunos nestes tempos (como sapato velho e furado), não vos servem mais para nada!

Saber escolher na hora certa através da Luz de vossa própria presença Eu Sou. O discernimento virá e vos mostrará o caminho para as escolhas.

É mister, pois, que façais as escolhas diárias!

É uma era de oportunidades de iluminação e aperfeiçoamento da alma. Para isso o Mestre estará sempre convosco amparando e inspirando.

Nova Era (Quinta Dimensão) o ontem, o hoje, o agora e o amanhã são uma coisa só.

Eu Sou
Mestre Saint Germain

São Paulo, 5 de janeiro de 2015

Amada e querida filha,

Tens um traço em comum com os Anjos de Deus, mas quando te afastas de tua Presença Divina esse traço fica tênue e enxergas só as coisas do mundo da Terceira Dimensão.

Fica alerta, minha amada pupila, fazendo as escolhas minuto por minuto em tua vida diária, sem escolher em hipótese alguma as coisas pequenas da vida humana, que desgastam a alma!

Os discípulos verdadeiros escolhem sempre em primeiro lugar o Reino de Deus, no falar, no agir, no pensar e no sentir!

E disso não abrem mão aqueles que são por natureza seres Crísticos, pois, amados que são, só recebem glórias e louvores divinos devido às atitudes e sementes do Bem que plantam dia a dia.

Mas, filha amada, ânimo! Estamos todos aqui para te ajudar, inspirar e conduzir-te ao caminho santo e verdadeiro, que é tua missão de vida na senda da Luz.

Essa parada, a qual propusestes a ti mesmo hoje, já é uma resposta ao nosso chamado e inspiração que enviamos a ti em um conjunto de vozes celestiais e sons angelicais.

Aconchega-te mais a Nós, teus Mestres, que te amamos e prezamos com tanto carinho e ternura!

Conselhos para a Quinta Dimensão

Amados filhos

A lógica é muito simples:

Abandonar as coisas do Espírito traz desequilíbrios, pois sois seres completos, mente, espírito, corpo e alma.

Tendes alimentos para o corpo e tendes alimentos para a alma e necessitais de ambos.

Na Quinta Dimensão, pois vossos seres serão automaticamente iluminados e vossos corpos, corpos de Luz, com energia e força vital e capacidade para autoalimentação, através da força magnética de Luz que sai e entra em um processo de autocura e autofornecimento de vitaminas necessárias ao processo de imunidade a todas as doenças.

Isso tudo porque no estágio da Quinta Dimensão não haverá a dualidade e o ser será Uno em si mesmo, Corpo e Espírito em uma só energia pulsante de Luz em Deus!

Por ora, visualizai vossos seres como estrelas de Luz incandescentes que brilham intensamente para todos os lados, e sugiro também a ingestão de muita água, pois na água há vida e ajudará no processo de limpeza e transformação necessárias para entrada na Quinta Dimensão.

Aconselho também a prestardes atenção aos alimentos que fordes ingerir, sentindo no coração aquele que deveis ou não comer; vosso Eu Superior sugerirá qual será o melhor para cada um.

Os alimentos naturais vindos da terra são os mais apropriados, pois a terra vos oferece tudo de bom para o perfeito funcionamento de vosso corpo físico, que, com a introdução da Luz cristalina da Quinta Dimensão, de muito pouco precisará para manter-se saudável e jovem!

Lembrai-vos então que tudo será Uno na Luz, corpo, espírito, terra, éter, alma...

Amada Clarimaah, sabes bem que tendes condição de alcançar tudo isso! Escolhe o caminho do Amor incondicional a todos e a tudo, proclamando a Nova Era por meio de tuas atitudes, gestos, palavras e ações amorosas, perdoando e compreendendo teus irmãos, pacificando tudo ao teu redor com a chama violeta de Saint Germain.

Essa prática da emanação da chama violeta ajudar-te-á enormemente nesse processo.

Amada, ao menor desconforto, chama violeta; ao menor desequilíbrio ou desarmonia, chama violeta; em tudo e em todos, chama violeta.

Ela fará o trabalho de transmutação e libertação de todo o medo, angústia e raiva, em coragem, fé, confiança, Amor, Paz, perdão e gratidão, por tudo o que Deus Pai Criador proporciona a todos os seus filhos da Terra.

Assumo agora o comando de toda a programação de tua vida, com tua permissão, elevando assim mais o nível das inúmeras situações de seu dia a dia!

Enquanto dormes, poderás vir ao Templo do Fogo violeta para receber toda orientação necessária para os próximos passos de tua caminhada.

A todos e todas,
meu carinho,
Amor e Gratidão!
Eu Sou Saint Germain

São Paulo, 7 de janeiro de 2015

"A chama violeta"

Amada Clarimaah e amados discípulos,

Enxergai em tudo e em todos, nestes novos tempos, uma onda vibrante da chama violeta inundando abundantemente, como um banho de Luz.

Quando encontrardes pelos caminhos irmãos ainda não despertos, podereis, com ajuda deste Mestre que vos fala, colocar a chama violeta, formando assim um escudo de proteção ao vosso redor, ajudando a esses irmãos, com essa magnífica emanação violeta.

Seus corpos sutis, bem como suas Presenças Divinas, agradecerão essa dispensação, e sentirão um alívio imediato, como uma rajada de Luz com brisa suave e amorosa.

Levai, pois, aos vossos irmãos essa gloriosa Luz que derrete toda inveja, ódio ou medos, transmutando-os em amor que é antítese do medo, gerador de toda desarmonia.

Alegrai-vos, amados, pois a messe é grande e tendes muito trabalho pela frente! Esse trabalho é primoroso e vos coloca no patamar dos Mestres ascensos! Sede, pois, generosos ao doardes, com Amor incondicional, tudo de bom que tendes recebido das hostes celestes, pois, como diz o grande e amado Mestre Jesus, o Cristo: "É dando que se recebe e é perdoando que sereis perdoados".

Amada Clari, alivia tua mente de toda desconfiança e medos, minha cara, colocando no lugar só bondade, amor, compreensão e Paz!

E a Paz do Cristo e o Amor do Cristo serão seguramente teu maior escudo protetor! Louva a Deus por tudo, caminhando confiante no perdão e na compreensão, das fraquezas de teus irmãos, que muito precisam de ti para informá-los e orientá-los, com teu exemplo, pois, mais que palavras, as atitudes dos discípulos da Luz é que ajudarão na evolução do Planeta e de todos que nele habitam.

Amada discípula e amados discípulos, estou convosco até o fim, pois esse é meu plano divino, já arquitetado por Aquele que tudo vê e sabe: nosso Pai e Criador.

Lembrai-vos sempre da aplicação da chama violeta em todos os momentos e instantes, até os mínimos, de vossas vidas.

Ao acordardes mentalizai, visualizando a chama violeta descendo em profusão, banhando vossos seres por dentro e por fora; fazei isso todos os dias, como tomar o banho diário. Isso vos trará muito equilíbrio e proteção, fechando assim um círculo de proteção eletrônica ao vosso redor, que nada nem ninguém poderá transpor, pois é energia de força magnética da Luz Divina.

Abençoo-vos agora com a chama violeta inundando-vos, por dentro e por fora e também a todos que leem esta mensagem, que estarão a receber a mesma irradiação amorosa da Luz violeta.

Fazei uma respiração lenta e profunda sentindo no alto da cabeça a Luz da chama violeta que desce penetrando e interpenetrando todo o vosso ser!

Com Carinho e Amor,
Eu Sou Saint Germain

São Paulo, 4 de fevereiro de 2015

"Orai e Vigiai"

Querida e amada filha e amados filhos,

Ouvi sempre a voz do coração, pois ali está Deus, tenhais certeza disso!

Agora mais do que nunca, nesta Nova Era, vós, discípulos amados, recebereis constantemente as inspirações que serão enviadas através do Deus que habita em vossos corações.

Em um espalmar de luzes multicoloridas, recebereis toda infusão necessária ao bom direcionamento de vossas missões e trabalhos na Terra.

Advirto-vos, pois, amados discípulos que leem esta mensagem, que, devido às fortes energias operantes, sereis muitas vezes testados a desvios, dúvidas e medos; devereis então procurar manter-vos em Paz no coração com a calma do Espírito Santo de Deus. As tentações serão muitas, mas, amados, quando estais em energia de Luz da Poderosa Presença "Eu Sou", estas influências se dissipam como nuvens rapidamente.

Então, amados, o que para muitos poderia ser difícil, para vós que permaneceis na Presença Divina será muito fácil!

Seguireis incólumes a caminho do Reino de Deus, ultrapassado todos os obstáculos com facilidade, simplicidade e fé no coração.

Amados, prestai pois muita atenção na palavra falada, pois ela têm vida, reverbera a tudo e a todos principalmente em vossos corpos sutis que se ressentem imediatamente, quando são proferidas palavras ásperas de ódio ou ressentimento, críticas ou julgamentos.

Por outro lado, vossos corpos sutis se rejubilam em saúde e glórias, quando proferis palavras de Amor, Paz, Perdão e Solidariedade.

A palavra tem vida, mas também o pensamento, pois dele podem sair tanto flores como pedras, e tanto uma quanto a outra retornam a vós em dobro.

Portanto, meus amados, aprendei de uma vez por todas a proferir só bênçãos e a pensar só Amor, Paz e Perdão, com simplicidade e fé em Deus Nosso Pai Criador que habita vossos corações.

Vigiai e orai, pois, o tempo todo sem cessar! Vigiai vossos corações, pensamentos e palavras!

Amai ao amigo e ao inimigo! Saireis glorificados e vitoriosos, vencedores da etapa terrena, para enfim ingressar na

Nova Era de Paz, profetizada e que já se inicia com força total de Luz.

Essa é a receita que vos dou para que possais passar da Terceira Dimensão para Quinta Dimensão, junto ao Planeta Terra.

Amada Clari e amados discípulos, eu confio em vós e estou à disposição para ajudar-vos nessa empreitada de vossos seres benditos.

Vos amo com eterno
Amor, Eu Sou Saint Germain

Brasília, 11 de março de 2015

Amada e querida filha Clarimaah,

Sabemos de tudo sobre ti e de tudo o que passaste e também dos testes que tua alma preparou para ti mesma.

Mas, filha, saibas que agora no Novo Tempo do Planeta só bênçãos e luzes estão reservadas para ti. E não careces sofrer tanto por nada!

Veste, com coragem e decisão, tua roupagem divina de Luz que é teu Merkaba. Nada nem ninguém poderá atingir-te ou remover-te desse enorme cone de Luz de bem-estar físico, espiritual, mental e etérico, pois tens merecimento para isso!

Só existe uma pessoa que pode remover-te de toda essa alegria e congraçamento, e essa pessoa é tu mesma.

Então, minha cara, solta, deixa entrar essa Luz incandescente e milagrosa por todos os poros de teu corpo físico, espiritual, mental e etérico.

Abraça enfim essa gloriosa bênção que o Pai Celeste, com seus Anjos de Luz e Mestres, te enviam com infinito Amor!

Amada filha, estou e sempre estarei ao teu dispor e com minha presença, aspergindo-te com o bálsamo da cura, do rejuvenescimento e com a água do Espírito Santo, a bondade, a alegria e a saúde física e espiritual.

Amo-te com eterno Amor, nunca mais desliga-te de nós, teus Mestres e instrutores nesta vida! Dedica sempre alguns minutos de tua vida à Meditação e ao Encontro com os Mestres, para que possamos, através das canalizações, te orientar e a todos os teus irmãos que assim desejarem.

No próximo dia 19 de março, junta o maior número de irmãos que quiserem ir e desejarem esse encontro, pois será primoroso e cheio de notícias e mensagens apaziguadoras e reveladoras que muito ajudarão o Planeta como um todo, principalmente o Brasil, Pátria do Evangelho, Coração do Mundo e Celeiro de Amor da humanidade.

Amados filhos, vibrai o Amor Puro e Verdadeiro a tudo e a todos indistintamente, com plena entrega dos corações ao Plano Maior Divino.

Sentireis muita Paz e muita satisfação em vossos corações, preenchidos com esse alimento tão perfeito da alma. Um segundo nesse sentimento puro e verdadeiro de Amor pode, com essa vibração tão forte, salvar milhões de pessoas e até alcançar grandes distâncias, beneficiando a tudo e a todos, até a própria natureza, que sensível, sentirá e também se beneficiará.

Então, amados, Mãos à Obra! Vosso trabalho é imensuravelmente grandioso!

E estou e estarei convosco para essa manifestação, permanecendo o tempo todo enquanto sintonizais com a Luz Maior.

Amo-vos com eterno Amor e vos abençoo nas luzes multicoloridas do arco-íris, aspergindo-vos por dentro e por fora de vossos seres por completo!

Eu Sou vosso Mestre e
Amigo Saint Germain

Brasília, 23 de março de 2015

Amada filha Clarimaah e amados discípulos,

Permaneçei na poderosa Presença Divina de vosso próprio ser sem vos desviardes um milímetro sequer!

Assim, passareis incólumes pelas tempestades da vida e os desamores não vos atingirão, pois estareis preenchidos com o Amor Divino, principal ingrediente na criação dos Mundos! E essa força de Amor infinito e Divino será vosso escudo de proteção, suscitando o perdão e amorosidade em vosso coração por tudo e todos.

A casa de meu Pai tem várias moradas para que todos os seus filhos sejam acomodados de acordo com o grau de evolução de cada um.

A Terra passa por transformações dolorosas e muitos de vós passam também, para que o trabalho de purificação e amadurecimento da alma sejam de acordo à Perfeição Divina.

Pegai o cetro de vosso poder em Deus e flamejai-o a tudo e a todos e em todos os lugares onde fordes. Apaziguai vosso coração, pois tudo está certo e de acordo com os planos perfeitos de Deus Pai Criador de todos os Universos.

Programeis vossa vida no sentido de alcançar cada vez mais esse estado de pureza e tranquilidade, que tanto buscais, vibrando o Amor incondicional a todos os vossos irmãos, sejam eles amigos ou inimigos, que serão no decorrer de vossas vidas vossos Mestres, para que chegueis mais rápido ao Reino de Deus, à Luz infinita!

Digo-vos que cada dia tem seu valor específico, e prestar atenção às diretrizes Divinas significa prestar atenção aos sinais e às oportunidades, que são dadas continuamente de viver a Nova Era do Planeta. Viver com beatitude, com Amor no coração, vibrando o Amor e usufruindo desse estado de ser, que significa o encontro com o próprio ser Divino. Todos são filhos Divinos de um Pai que criou seus filhos à Sua imagem e semelhança.

Lembrai-vos sempre: só o Amor é real, só o Amor pode vos salvar, só o Amor vos dará a alegria que vos preenche por inteiro!

Aconchego-vos agora em meu coração aspergindo-vos com bálsamo e rosas perfumadas!

Amo-vos com eterno Amor
Eu Sou Mestre Jesus,
o Cristo

Brasília, 18 de junho de 2015

Amada filha Clarimaah e amados discípulos,

O amor incondicional e verdadeiro se conquista passo a passo, geralmente com as diversas situações que são apresentadas durante a vida terrestre.

E é assim que os discípulos do Senhor entrarão nas mais altas esferas de Luz e tranquilidade espiritual.

E é quando sofrem as tentações que se deparam com a oportunidade de se levantarem e subirem mais um degrau em direção a essa Luz, e à própria ascensão ao lar original!

Vejam, meus caros, que na verdade é tudo muito simples no que concernem às coisas de Deus.

Então digo hoje e agora a todos os discípulos que leem esta mensagem:

Daí glórias e agradecei por receberdes as oportunidades através dos testes da vida, pois só assim é que podereis acionar a alavanca propulsora que vos levará finalmente ao estado perfeito do ser integral e divino, que sois, em vossas presenças luminosas, o "Eu Sou o que Sou Mente Pura de Deus."

Alguns irmãos vos trazem sentimentos negativos, ou por suas posturas, ou por suas provocações, próprias do gênero humano, outros vos suscitam apego e sofrimentos por perda.

Esses irmãos são colocados diante de vós para ensinar-vos a tomar o caminho da ascensão, através de vosso Amor impessoal e incondicional, que curará todos esses relacionamentos que tornam a vida do ser humano aquilo que tem sido no decorrer dos séculos.

Já vos disse uma ou várias vezes: "Só o Amor cura, liberta, dignifica, purifica e engrandece vossas almas, tornando-as eternas!".

E digo-vos, amados, que nesta Nova Era já não precisareis morrer para entender esse Amor! Já não precisareis morrer para ascender a Deus!

Não precisareis morrer para salvar-vos, pois, mesmo vivendo na matéria, vossos corpos se tornarão brilhantes de Luz e Sabedoria. E conquistareis mais e mais adeptos, filhos de Deus despertos em suas Presenças Divinas, e vos elevareis a um novo patamar evolutivo. Resolutos então passareis, logo e sem medo, da quarta para a Quinta Dimensão!

Quão grande é o Amor que sentimos por vós que estais a ingressar nessas esferas de Luz! Acolhemo-vos de braços abertos por conquistardes esse acúmulo de energias positivas, pelo Amor em vossos corações, mentes e almas.

Esta foi e é a mensagem deixada pelo Grande Mestre Jesus, o Cristo: que em cada um de vossos irmãos vereis Ele próprio, e já não mais vos sentireis sós, pois Ele, o Mestre, se manifestará vivo e presente em cada irmão ou irmã que se apresentar em vosso caminho.

Gratidão, Gratidão, Gratidão
Eu Sou Mestre
Saint Germain

Brasília, 29 de julho de 2015

Uma mensagem aos discípulos e ao grupo de oração de Brasília

Amados,

A mensagem para os discípulos nesta tarde é de ânimo e compreensão dos desígnios de Deus. O Universo caminha sempre para o bem e para o equilíbrio das forças de energia.

O mundo todo passa por incrível transformação das energias antigas, com mudança para as novas. Essas novas são fortes, por isso muitas vezes sentis sensações várias, em um sobe e desce de desânimo para excitação e vice-versa.

Não pensais que isso seja uma coisa ruim, pois não é. São as bases de sustentação de um estado do ser em perfeito equilíbrio e perfeita harmonia que caminha em vossa direção, mas que para isso precisa se ajustar aos poucos, lançando mão do estado de estagnação para um estado de alerta atividade recalibradora.

Tudo que se apresentar à vossa frente como revelações, novidades ou estudos profundos da ciência, teologia, astronomia ou ciências avançadas deve sempre passar pelo crivo de vossos corações, pois ali estarão todas as respostas que precisais para vossas vidas.

Amados, em vossos corações habita a partícula de Deus Pai-Mãe Criador!

Sabereis tudo ao meditardes silenciando vossas mentes por alguns segundos, deixando que o coração fale após a meditação, livremente, através do discernimento do Espírito Santo na presença Eu Sou.

Todas essas expressões definem o que é o Amor de Deus em vossos corações.

Através do amor de Deus Pai Criador tudo se fez Luz e o mundo e os Universos foram criados!

Esse Amor tendes implícito em vossos corações!

Amada filha, peço que transmita esta mensagem às tuas amigas discípulas da Luz, que buscam a verdade e clamam pelo saber maior!

As revelações são muito intensas nestes tempos e tudo o que pedirdes recebereis em Luz e Sabedoria.

Que a Luz do Cristo Jesus, o Grande Mestre do Amor incondicional, vos cubra com bênçãos de cura, harmonia e paz.

Eu Sou
Mestre Saint Germain

São Paulo, 6 de agosto de 2015

"Conselhos do Mestre"

Amada filha,

És livre para decidir o que achardes que é melhor para tua vida.

Mas pense: o que é louvável, amável e saudável está bem aqui dentro de teu ser bendito!

Não precisas sair tão longe em busca de um estado de ser que já conheces e pratica há tempos!

Levar esses dons a outros que estão sedentos é bom para ti, mas fica alerta onde e em que lugar plantar a semente, pois muitas vezes a terra não está devidamente preparada ao plantio e às sementes, caindo em terreno pedregoso ou impermeável, não germinam, e o trabalho será inútil!

E o que se pode fazer com esse terreno?

Os lavradores do Senhor é que têm a função de trabalhar, sulcar e arar esses terrenos, para ficarem, com o decorrer das eras, próprias ao plantio, mas o desgaste é grande e trabalhoso.

Onde está Deus?

Onde está o amor?

Onde está a paz?

Já podeis encontrar, caros discípulos, tudo isso dentro de vós mesmos!

E é uma bênção sem proporções que não pode ser entedida por vós que ainda militais na matéria!

Amados! Recebestes muitas prendas e oportunidades das Hostes Celestes para ingressardes na Quinta Dimensão do Planeta!

Sabemos que muitas barreiras da vida se interpõem diariamente para que não entreis, com chamamentos tanto para uma vida de prazeres que cega, quanto para as dificuldades que toldam a visão deslumbrante de uma Nova Era de oportunidades gloriosas, de encontro real com a Divindade de cada um!

Amada filha Clarimaah, desse grupo de amigas que surge poderás convidar duas ou três para Seu convívio e encontros de oração.

Daí surgirão outros que serão, no devido tempo, trazidos pelas mãos dos Mestres e mentores de cada um.

Recebe-os de braços abertos, pois tu um dia também foste recebida e ajudada.

Saberás o que fazer, minha amada, e onde será mais útil tua presença neste instante de tua vida.

Amo-te com infinito amor e estou bem perto de ti.

"Tudo o que pedires ao Pai em nome de Jesus receberás."

Tenhas certeza disso!

Com carinho e
afeto,
Teu Mestre Sant Germain

São Paulo, 12 de agosto de 2015

"Amor incondicional"

Amada Clarimaah e amados filhos,

Muitos serão chamados nestes tempos à Luz e à Bem-Aventurança que se encontra no Amor incondicional por todos os irmãos. Nem todos atenderão e nem todos serão escolhidos. É a separação do joio do trigo prevista no Apocalipse de São João.

As classes de pessoas agrupadas energeticamente com a mesma sintonia se destacarão cada vez mais, e os bons em Verdade e Luz se encontrarão automaticamente. Isso não quer dizer que deveis agir com preconceitos, mas que deveis sim sentir no coração qual é o caminho e os grupos que podereis frequentar tranquilamente, pois serão todos emanados na mesma frequência de Luz. Os chamamentos, convites, poderão ser feitos a todos, pois aqueles que responderem serão os escolhidos pelo Senhor para somarem as energias de Luz dos Mestres Ascensos e Amigos da Luz.

Muitas vezes sereis pegos em vossos egos que trabalham, sem que percebeis, tentando tirar-vos do prumo.

Contudo, amada filha Clari e amados discípulos, já sabeis como fazer nessas situações. Elevai-vos ao máximo ao vosso

Eu Superior que imediatamente tudo se transmutará em harmonia pacífica de Deus. E é perdoando que sereis perdoados, e amando que sereis amados, pois tudo o que se planta se colhe, e de uma forma ou de outra recebereis o fruto de vossas ações amorosas no decorrer dos tempos.

Não vos enganeis com aqueles que só prezam o sucesso das experiências mundanas, esquecendo-se da maior riqueza que receberam de Deus que são seus próprios corações.

Esses irmãos não percebem seus próprios corações, pois não se importam com ele.

Amada Clari e irmãos na Luz, preenchei vossos corações com o amor incondicional!

Só assim estareis verdadeiramente alimentados e com os anticorpos funcionando perfeitamente, para que não entre nenhum micróbio externo da vida superficial.

Permanecei com o coração no coração do Senhor Jesus, o Cristo, que vos ampara, vos cura com o bálsamo de seu Amor e vos lava com a água do Espírito Santo de Deus!

Abri agora vossos braços em um gesto de acolhimento ao Bem Maior, que é emanado em profusão neste instante, a todas as células de vosso corpo físico e em vossa alma, abrangendo-vos por inteiro, dando um banho de Luz nestes que são os vossos quatro corpos: mental, emocional, etérico e físico.

Sentireis agora um jato de Luzes multicoloridas que adentram todo o vosso ser e uma torrente de água cristalina que escorre por vossos seres lavando-vos, limpando-vos e energizando-vos por inteiro.

Amados, a promessa do Pai Criador permanece de pé a todos vós que militais na estrada da Luz Maior, e agora se aproxima cada vez mais de vossas vidas.

Libertai-vos! Desvencilhai-vos de toda mágoa, aprisionamentos pelo apego, medos ou ciúmes.

Ação, ação, ação, é chegada a hora! Promovei a Paz em vossos meios dando exemplos de solicitude, amor e singeleza nas ações do dia a dia.

Vamos em frente, meus queridos discípulos da Luz!!!

Amados, confiai, confiai sempre Neste que vos fala, confiai em nosso Deus Pai o Criador de todos os Universos!

Quando os seres humanos interagem com Deus em suas ações e projetos, com sabedoria, chegam com certeza ao sucesso, pois estarão atrelados a uma engrenagem perfeita. E essa engrenagem transborda de Luz quando interage com vossas ações na Terra, levando a cabo todos os planos Divinos.

Amados, concentrando-vos um pouco, enviai agora o Amor de vossos corações a todos os vossos desafetos nesta vida, um por um. Sentireis uma bênção tão grande como um chacoalhar de Luzes límpidas, cristalinas, que cura transmutando toda mágoa, medo e discórdia em afeição, coragem, confiança e paz!

Estou bem aqui, amada Clarimaah, ao teu lado para amparar-te e apresentar-te sempre o lado do Amor incondicional, que te liberta do medo e apazigua teu coração bendito.

Eu Sou Vosso Mestre Amigo
Saint Germain

São Paulo, 19 de agosto de 2015

"Reunião de Saint Germain"

Amadas filhas,

Meu coração está em júbilo por vossas presenças! E todas receberam aquilo que vieram buscar.

Essa paz que irradia de vossos corações, com as irradiações de Amor que brotam de todas, abraçou cada irmão que aqui veio.

Quando vos reunis em dois ou mais, a oração se torna mais forte.

A cura da alma é a verdadeira cura, pois caminha em Paz em direção a Deus.

Amadas filhas, todas tendes uma missão que é levar a própria luz a todos os cantos.

Não julgueis para não serdes julgadas.

Perdoai, pois, aqueles que precisam de vós.

Tende compaixão ao ouvir críticas e julgamentos. Já vos disse uma vez que, para onde dirigirdes vossa atenção, aquilo sereis. Recebereis aquilo que emanardes: se Paz, Alegria e Amor, recebereis Paz, Alegria e Amor.

Sede, pois, coerentes, e o que desejardes para vós desejai também para o próximo!

"Pedi e recebereis", já vos disse o amado Mestre Jesus.

O Pai que está nos céus aguarda vossos pedidos.

É tempo de Paz, da Nova Era!

Mas tendes muito que caminhar.

Vivenciai o presente e vivei cada dia como se fosse o último.

Não coloqueis o ego como prioridade e sim vosso "Eu Superior".

Procurai em primeiro lugar o Reino de Deus.

Abençoo-vos e agradeço por cada uma que aqui está.

Eu Sou Mestre
Saint Germain

Brasília, 3 de setembro de 2015

Amada filha Clarimaah,

Estou muito feliz, pois cumpres tua missão reunindo sempre tuas amigas de Brasília, para oração e meditação. E são muitas as graças que recebes, pois emanando Amor recebes Amor em dobro e fortaleces tua alma e espírito, cada vez mais na Presença Divina viva "Eu Sou o que Sou".

Amados discípulos,

São muitas as promessas para os novos tempos e já começam a se cumprir através dos irmãos, discípulos amados, que, já conscientes, transmitem, através das mensagens, todas as boas-novas e diretrizes para esses tempos.

Convém, porém, que todos que se propõem a ingressar nessa nova energia disponham de tempo suficiente para estudos, meditação e encontros de oração, de forma mais disciplinada, no sentido de levar à frente a promessa do Pai Criador; mas tudo isso feito de maneira leve, feliz, prazerosa e com amor no coração!

O ritmo e a constância vos fortalecerá cada vez mais, pois nestes tempos muitos precisarão de vós, discípulos conscientes, para dirigir e apontar o caminho que leva ao Reino de Deus, às energias vivificantes da Nova Era de Aquário que chega ao Planeta.

Estaremos a postos e vigilantes auxiliando-vos nessa tarefa santa!

Colocai-vos simplesmente à disposição, porém com o firme propósito dentro de vossos corações e mentes.

Minha gratidão a todos que leem esta mensagem e que com certeza procuram pelo Bem Maior e o encontrarão, pois bem disse o Mestre:

"Pedi e recebereis."

"Procurai e achareis"; "Batei a porta e ela se abrirá."

Que se cumpra em vós, amados, a sagrada promessa do Pai, porém muitos serão chamados e poucos os escolhidos. Atendei, pois, ao chamado, amados discípulos!

Vos abençoo agora nas Luzes multicoloridas do Universo do Bem Maior! Em nome da Presença "Eu Sou o que Sou" do Espírito Santo de Deus!

Com carinho, do
Mestre Saint Germain

São Paulo, 25 de dezembro de 2015

A Paz no mundo só será completa e real quando todos se conscientizarem de que são Um em Deus;

Um com a natureza!

Um com os animais!

Um com tudo e com todos os irmãos!

Assim será renovada a face da Terra!

Que a paz esteja convosco hoje e sempre.

Shalom

São Paulo, 18 de janeiro de 2016

"O Magnificat IV e a Boa-Nova"

Amada e querida filha Clarimaah,

Fica firme na Fé em Deus Pai Criador do Céu e da Terra!

Filha, tudo o que pedirdes ao Pai te será dado se com Fé o pedires! E reforçado pelo Amor de Jesus, o Cristo, tudo será possível e tudo o que pedirdes receberás com certeza!

Pede então mais confiança, mais harmonia e mais Paz ao teu coração e receberás imediatamente!

Nada te será negado, pois és filha amada e preciosa de Jesus, o Cristo!

Contamos contigo para a tarefa de organizar e compilar as mensagens recentes para o novo Magnificat que será ainda mais magnífico! Pois encaminhará, com as mensagens, muitos que ainda oscilam de um lado ao outro, da velha para nova energia.

Amados filhos,

Doravante só deverão fazer parte de vossas vidas as energias da Nova Era, que são novas e edificantes, pois traduzem o verdadeiro estado do Ser Divino, que cada um possui por sua própria natureza, que um dia foi desconectada, mas que agora se unifica, na prodigiosa ação de Deus Pai em cada um de seus filhos amados. Forma-se assim uma só energia vivificante e perfeita!

Creiai, pois, que sois essa energia Perfeita, centelhas Divinas a viver na matéria, conectada à verdadeira Luz espiritual que é eterna!

Passaram-se muitos milênios para chegar a esse ponto de abertura que tendes agora ao vosso favor e graça!

Aproveitai e, com Fé verdadeira, vibrai o Amor e a Perfeição Crística de vossos corações a todos e a tudo à vossa volta, para que haja o congraçamento das almas divinas e humanas em Deus.

Eu Sou vosso Mestre que vos acompanha e acompanhará nessa trajetória tão importante para a humanidade!

Que privilégio!

Que alegria!

Que júbilo! Sinto em meu coração por estar perto de vós neste momento da história do Planeta Terra.

Conto sempre contigo, amada discípula Clarimaah, para darmos continuidade aos trabalhos da Nova Era, com as mensagens e canalizações, escritas e faladas.

Com Amor e apreço de
teu Mestre e Amigo
Saint Germain
Gratidão!
Gratidão!
Gratidão!

São Paulo, 28 de janeiro de 2016

"A Quinta Dimensão"

Amados filhos,

No decorrer deste ano, e já começou no final do ano passado, estareis em constante aprendizado. Serão colocados à vossa frente situações e irmãos vossos que retornaram de outros tempos para que possais, sem julgamentos ou críticas, vos reconciliardes com eles.

O perdão e a compreensão serão as ferramentas básicas e necessárias para queimar de uma vez por todas vossos carmas do passado, que vos aprisionam ainda às velhas energias.

Na Nova Era tudo deverá ser renovado, com vosso consentimento e ação amorosa, para alcançardes um novo patamar evolutivo.

A Quinta Dimensão vos espera e muitos de vossos irmãos já estão a viver as maravilhas da Paz e da Harmonia no coração, corpo e mente!

A felicidade verdadeira só se alcança com a Paz no coração, a Paz do Cristo Jesus, o amado Mestre!

Libertai-vos do culto ao ego que só traz sofrimento e solidão, pois vos separa de vossos irmãos.

Encontrareis a Paz verdadeira na unidade entre vós e o Pai Criador de todos os Universos. Saúde, força, bem-estar e alegria da alma serão vossa herança eterna e bendita.

Amados discípulos, estamos constantemente ao vosso dispor!

Podeis, sim, pedir a calma o equilíbrio e o discernimento do Espírito Santo, e tudo isso recebereis de pronto, se com Fé o pedirdes.

Peço-vos, enfim, que vos liberteis do apego, que já traduz em "apegar-se ao ego", e está em tudo e todos deste mundo passageiro, bem sabeis disso.

Vivei, pois, vosso "dia a dia" bem vivido com singeleza e amorosidade; assim vossos dias serão inúmeros e, vivendo ainda aqui nesta morada terrena, ascendereis a Deus na Luz maior.

Muitas vezes vos perdeis em aborrecimentos pequenos, implicâncias desnecessárias e insatisfações por pouco!

<u>Vigiai vossos seres, meus filhos,</u> e vivei cada dia usufruindo ao máximo de tudo o que Deus vos dá neste Planeta, <u>agradecendo e louvando por tudo e todos em vossas vidas.</u>

O poder do Louvor vos liberta de tudo que vos aprisiona, oprime e machuca.

Louvai ao Senhor! Agradecei toda hora e minuto de vossas vidas!

Gratidão!

Gratidão!

Gratidão!

É essa que deve ser vossa meta daqui para a frente.

Na Gratidão encontrareis o caminho que vos levará à Casa do Pai.

"Eu sou o Caminho, a Verdade e a Vida."

Amados, escolhei o melhor Caminho!

Eu Sou Saint Germain,
Com inspiração de Ashtar Sheran

São Paulo, 3 de março de 2016

Amada filha,

Valoriza mais teu trabalho para com os Mestres da Grande Fraternidade Branca, os livros, as escritas, pois isso tem ajudado tantas pessoas que nem podes imaginar!

Sempre haverá situações em que tentarão te desviar do propósito Maior, mas bem sabes, minha filha amada, qual é tua missão: divulgar as mensagens, transmiti-las, em livros, na Internet, etc.

Amados discípulos,

A Nova Era já chegou, e todos aqueles discípulos da Luz, que se propuseram a trabalhar pela melhoria das almas dos seres humanos do Planeta e que foram convocados já há muitos *éons*, serão solicitados a realizar essa promessa, porém se não quiserem e o livre-arbítrio é respeitado, sairão da faixa da Quinta Dimensão e voltarão ao ponto de partida, atrasando assim o próprio desenvolvimento e evolução pessoal.

Mas, filhos, nada temais, pois estamos perto de todos os amados discípulos da Luz, para lembrar sempre de suas missões magníficas!

Muitos de vós se desviaram com projetos surreais ou egoicos, outros com conceitos retrógrados que os chamam a continuar na Terceira Dimensão.

Vigiai e orai o tempo todo sem cessar, amados discípulos da Luz!!!

Nada vos será negado se pedirdes com Fé, pois o Reino de Deus é aqui e agora!

Vossos DNAs estão sendo reconstruídos a partir de vossos "Eu Sou Presença Divina", que deverá doravante participar de todo aprimoramento de vossos seres, indicando aos corpos sutis e físicos o caminho a seguir.

Portanto, ficai atentos para receber toda Luz que está sendo emitida e dirigida diretamente ao íntimo de vossos seres, através da linha de vossos corações.

Abri mais vossos cálices sagrados, deixando-os vazios e prontos para receber as diretrizes da Luz, do Amor e da Paz.

Esvaziai-os, pois, de todo medo, angústia, preocupações desnecessárias, invejas, tristezas e todo tipo de sentimento que vos tolda a visão do verdadeiro destino que para vós foi programado! Só poderemos encher esse Cálice Sagrado, com toda Bem-Aventurança, se este estiver vazio e limpo.

Então já basta de melodramas, conjecturas vazias e preocupações sem importância!

Amados filhos,

Voltai vosso coração, mente e espírito à vossa origem Verdadeira! Ao Reino de Deus que está bem aí dentro de vós!

Sois Anjos, já vos foi dito, portanto pensai, agi, falai, senti como um Anjo de Deus: puro, verdadeiro, amável, gentil e saudável. E na perfeição Crística vivei cada dia, cada momento como eterno!

Ascendendo na Luz sereis livres no eterno agora, encontrando o Reino de Deus, ressuscitando e renascendo dia a dia! Não precisareis mais desencarnar para que tudo isso se realize!

Sereis Um com o Pai, um Conosco, Um com tudo e todos, em um único pulsar de Amor e Ação conjunta!

Amados, daqui para a frente muitos irmãos afins virão a vós para fazerem a União Sagrada e ajudarem-se mutuamente, para que todos finquem o pé definitivamente na Nova Era da Quinta Dimensão do Planeta.

E o Planeta Terra se sacode, se autolimpa das energias antigas, através dos furações, terremotos, enchentes, etc.

Essas manifestações são apropriadas à limpeza energética do Planeta.

Muitos de vós passareis por algo semelhante ao Planeta em vossos próprios corpos, uns em maior, outros em menor intensidade, de acordo com o grau de desenvolvimento de cada um.

Por fim, amados, permanecei nestes tempos na aura do Cristo Jesus, que já vos prometeu anteriormente com as palavras:

"Estarei convosco até o final dos tempos"!

E o Mestre que vos fala também se coloca inteiramente à vossa disposição, para que com a chama violeta possais transmutar todo descompasso, que porventura possa vos tirar do Verdadeiro Caminho!

Usai mais a chama violeta, amados! Ela está muito forte e à disposição para que junto a Mim possais usá-la em todas as situações que necessitardes!

Amados, coloco agora em TODOS os que estão a ler esta mensagem, e em ti, amada filha, uma chuva de pétalas de rosas coloridas nas cores azul, rosa, dourada, rubi, verde e violeta, e um jato de Luz branca cristal que vos banha de cima a baixo, limpando-vos e energizando vossos cinco corpos: mental, espiritual, etérico, físico e emocional.

Com Amor e Gratidão,
Eu Sou Saint Germain

São Paulo, 18 de março de 2016

"Amor para o Planeta e para o Brasil"

Amada filha e amados filhos,

Vibrai Amor incondicional a todos e a tudo!

O Brasil e o Planeta precisam de todos vós, discípulos da Luz, a vibrar intensamente, nestes tempos, o Amor puro e verdadeiro!

Lembrai-vos, amados, o Amor cura as feridas mais doloridas, o Amor cria e recria situações de Paz e Harmonia em vossos lares, escola e trabalho, pois é energia da criação de Deus.

Vibrai e senti dentro de vossos corações esse Amor e expandi levando a todos os lugares para onde fordes e também em vossos pensamentos, ações e palavras.

Só assim estareis no caminho certo rumo ao Reino de Deus, ainda aqui nesta Casa do Pai, a Terra.

Já vos disse, o tempo urge e agora mais do que nunca devereis pôr em prática todos os ensinamentos que foram enviados a vós no decorrer dos tempos.

E esta é a Promessa do Pai a seus filhos:

Que tudo se transforme, cure e ilumine através do Amor de vossos corações, renascidos junto a tantos Mestres de Saber, discípulos da Luz, Anjos e Santos de Deus Pai!

A receita, pois, é muito singela, muito simples, mas requer de vós disciplina e coragem!

Pois já vos disse o significado de coragem, agir com o coração.

Essa Sabedoria será vosso escudo de proteção daqui para a frente, a joia que nenhum ladrão pode roubar, o tesouro Verdadeiro que em tudo e todos será a vibração perfeita para o sucesso, a prosperidade e a plenitude, em todos os sentidos de vossos seres benditos!

Louvai a Deus por tudo, amados filhos brasileiros!

Povo amado! E escolhido para acolher todos os irmãos do Planeta!

Com Amor, carinho e
dedicação de
Vosso amigo, Mestre
Saint Germain

São Paulo, 31 de março de 2016

Amada filha Clarimaah,

Peço-te que fiques bem firme na fé de teu coração. O Brasil passa por um turbilhão em que aqueles que estão fora da sintonia Divina se sentirão perdidos e desorientados.

Mas tu, minha filha amada, nada tem a ver com esse ritmo desordenado que aí está! E será agora enfim o momento de provardes tua fé, constância na oração e contato permanente às Hostes Celestes que te acompanham, protegendo-te, amparando-te com inspirações e orientando teu caminho o tempo todo! Só necessitando, no entanto, que tu decidas por Nós, procurando-nos e ao Reino de Deus, sempre em primeiro lugar, principalmente pela constate desarmonia que assola o Brasil e o Planeta como um todo.

E todos vós, caros discípulos que leem esta carta, podereis também vos refugiar nos braços das hostes mais elevadas de Deus Pai, que muito presentes estão nestes tempos, a arrumar as energias da Terra. Por esse motivo os transtornos com as transformações e mudanças tão necessárias. E essa faxina que está sendo feita na humanidade é para que acordem todos do sono de (Maiya) e, despertando, sacudam e limpem toda a sujeira, toda visão antiga, retrógrada da velha energia e busquem definitivamente por suas Presenças Divinas, alinhadas que estão, já por natureza primeva, às dos Mestres Ascensos de Deus Pai!

Então, amados, nada vos será impossível, pois os milagres são naturais e fazem parte da vida verdadeira de todo homem ou mulher que assim o quiser!

Amadas e amados, aproximai-vos mais e mais desse encontro glorioso que já está em curso para que vós, todos discípulos escolhidos. Ingresseis sem demora, pois como já vos disse, o "tempo urge" e logo não haverá mais espaço para essa manifestação, pois a Terra precisa se ordenar, colocando-se na ponta, em posição de subida ao próximo degrau evolutivo; contribuindo assim com o sistema planetário universal de todas as galáxias.

Logo mais serão permitidas outras revelações que vos serão enviadas através dos amados mensageiros, discípulos da Luz, que vos orientarão a conduta a tomar e a missão a cumprir.

Enviamos agora uma Luz dourada brilhante a todos que leem esta mensagem e àqueles que colocais neste momento para receberem essa mesma Luz.

Enviamos também neste instante a chama azul cobalto, a verde-esmeralda e a violeta envolvendo-vos por inteiro!

Com Amor e carinho de
Eu Sou vosso Mestre
Saint Germain

São Paulo, 24 de abril de 2016

Amada e querida filhinha Clarimaah,

Estou bem aqui ao teu lado aspergindo-te com Luzes multicoloridas que fazem bem ao corpo e à alma.

Sente neste instante a Força propulsora de Paz, Saúde e Amor que brota de Nossos corações, irmanados que estão a outros discípulos e Mestres Ascensos, que neste instante vêm ao teu socorro trazendo tudo quanto precisas, para viver a vida plena do Espírito, e da alma unificada pelo Amor e Poder de Deus Pai Criador.

Reforça mais teu coração na Fé, que abre todas as portas e janelas do Saber, da Paz infinita, da Bondade que liberta e da saúde plena do corpo e da alma.

Amada, nada nem ninguém poderá apartá-la de Nós e das bênçãos e caminhos já preparados para ti, mas que precisam de ti, para que seja concluída a promessa para teu ser bendito!

Aconselho-te que nestes tempos de escolhas e desafios possas reservar, uma hora que seja, para receber as mensagens e orientações das Hostes Celestes, que estão sempre prontas a te enviar.

E não importa o que tenhas de fazer ou como o dia está corrido, larga tudo e vem até Nós!

Celebraremos maravilhas todos os dias, alcançando patamares do Saber e da Luz. Então estarás, nessa vibração, ungida e protegida de todas as intempéries que se apresentam nestes tempos de desafios e lutas.

Permanece nessa linda vibração amorosa junto a Nós, teus Mestres, e receberás tudo quanto necessitas em tua vida.

Coloco agora uma guirlanda de flores, rosas, multicoloridas ao redor de teus corpos: mental, espiritual, emocional, etérico e físico, formando assim um cinturão de força protetora intransponível, que vibra a todos os cantos, elevando os ambientes e respaldando-te na caminhada.

Ficarás boa logo!

Estamos trabalhando em teu ser e esta noite, enquanto dormes, te levaremos aos campos de Luz e Cura para que, ao acordar, não tenhas mais nada.

Coloca em tua vida, em teu dia a dia, a palavra Gratidão, sentindo-a em teu chacra cardíaco e coronário, com luzes violeta, em expansão de dentro para fora e de fora para dentro.

Visualize todos os dias essa manifestação que levará teus propósitos ao Bem Maior e à Vontade de Deus!

Com Amor, Carinho e
Gratidão!
Eu Sou teu Mestre Saint Germain

São Paulo, 26 de abril de 2016

Amados filhos,

Já várias vezes foi dito:

"Procurai o Reino de Deus em primeiro lugar e todas as outras coisas vos serão dadas por acréscimo."

Amada e amados discípulos, o tempo urge, por isso os desafios para que procurais, como discípulos amados, sempre em primeiro lugar o Reino de Deus, para que assim possais adentrar aos portais do Novo Reino, que se aproxima e chega com força, projetando a Nova Era da Quinta Dimensão do Planeta.

Tudo é muito simples no que concerne às leis de Deus, que são irretocáveis, pois são perfeitas em Sabedoria e Poder.

Aproximai-vos, amados, mais das premissas que vos foi ofertada e pela qual pedistes, pois tendes, agora, a oportunidade de recebê-las inteiramente: premissas de paz, serenidade, leveza, liberdade, amor fraterno e verdadeiro.

Essa possibilidade agora é real, já é uma realidade a ser buscada e encontrada!

Só tereis de vos aproximar com coragem, deixando o mundo externo que se resolverá por si só com suas questões e impasses!

Abri, pois, amados, vossos cálices, vossos corações, vossas mentes para que sejam preenchidos com a Luz maior e todos os benefícios que Ela traz fortemente a todos que assim a permitirem.

Esvaziai-vos então de todo medo, raiva, rancores, angústias, ansiedades, geradas pela falta de fé e confiança no Pai Maior, que a tudo vê e sabe de todos os vossos pensamentos e anseios.

Galgando os patamares mais elevados do Espírito alcançareis a Paz desejada e as respostas para vossas vidas.

Amados, agradecei pelos momentos de desafios e oportunidades, para que, superando as dúvidas e os impasses, possais subir mais um degrau da escalada evolutiva de vossas almas.

O encontro com a chama divina podereis ter a qualquer instante, em meditação na plenitude da perfeição Crística. E, olhando e sentindo unicamente a alma, encontrareis a Paz verdadeira e o Amor verdadeiro, fonte de toda criação Divina que é eterna.

Confiai, pois através do Amor verdadeiro e incondicional tereis todas as condições de saúde do corpo e da alma!

Amados, já vos disse que o Amor é e será sempre vosso escudo perfeito contra todas as intempéries do mundo que ainda circulam tentando perder as almas!

Através do Amor de Deus, infinito e verdadeiro, encontrareis sempre refúgio para vossas cansadas almas!

Amor, Amor, Amor

Gratidão, Gratidão, Gratidão

Confiança, Confiança, Confiança

Fé, Fé, Fé

Eu Sou, Eu Sou, Eu Sou

Eu Sou a Ressurreição e a Vida

Eu Sou a Ressurreição e a Vida

Eu Sou a Ressurreição e a Vida

Com carinho e afeto de vosso Mestre Amigo Saint Germain

Brasília, 19 de maio de 2016

Amada e querida filha Clarimaah.

Põe teu coração ao largo!

Entrega toda a tua vida a Deus Pai amado de todos os Universos.

Entrega, entrega tudo nas mãos destes que te iluminam e inspiram dia e noite, que são teus Mestres que te amam com infinito Amor.

Lembra-te sempre de tua missão maior que te engloba nas Hostes mais elevadas de Sabedoria e Poder Divino. E nada nem ninguém poderá aparta-te das Mãos Divinas desses Seres de Luz que são teus guias e protetores nesta vida eternamente e que através de ti são levados aos teus irmãos em humanidade!

As mensagens muitas vezes têm o poder de salvar almas perdidas e desgarradas do caminho de Deus. Estas encontram então alento e Luz nas mensagens que tu canalizas de Nós e de tantos Mestres de Saber, com tanto amor e gratidão.

Amados filhos,

É na simplicidade que está o verdadeiro caminho que leva ao Reino de Paz e de verdadeira felicidade.

O Amor então vos completa em sua forma mais singela e tocante, transformando-vos em seres livres e plenos de Luz e Paz!

Como crianças, aproximai-vos do Sagrado em vós, integrando-vos às correntes de Luz que estão constantemente à vossa disposição e favor!

Comprazo-me todas as vezes que vós, amados discípulos, vos tornais como crianças puras e confiantes, a vos entregar nos braços do Pai amoroso que vos envia mensagens a todo instante, para vos guiar e ensinar que o Amor cura, o Amor salva, o Amor recupera, o Amor vivifica, tornando-vos seres eternos, ressuscitados e ascencionados aos campos dos Mestres de Luz.

Esse é o verdadeiro alimento, esse é o Caminho, a Verdade e a Vida de que tanto vos fala o Cristo Jesus!

Confiai, amados, confiai e prossegui sem medo em vossos caminhos na Terra, vivendo cada dia como um belo dia, como um presente de Deus a vós, que caminhais de volta ao Seu Reino glorioso!

Sabei que cada um de vós é muito importante para Nós, Mestres! Estamos a trabalhar pelo Planeta e seus habitantes e nada passa despercebido aos olhos do Deus Uno conosco e convosco.

Que as bênçãos do Pai desçam sobre vós neste instante e que a sabedoria que vem do Espírito Santo inunde vosso ser, colocando tudo quanto mais precisais para estardes plenos em saúde do corpo e da alma.

Clarimaah, amada discípula, coloco agora um raio de Luz verde, dourado e branco em teu ser bendito, inundando-te por inteiro em teus quatro corpos: físico, mental, etérico e espiritual.

Toda a minha gratidão!

Com carinho,
Paz e Luz
Eu Sou Mestre Saint Germain,
Com Mestre Hilarion e
Mestra Rowena

São Paulo, 30 de maio de 2016

"Momentos de transformações"

Amada Clarimaah e amados discípulos,

O Planeta passa por grandes transformações que são para o Bem de todos.

São necessárias para que possais sair do marasmo, da comodidade e da normalidade doentia, que sempre gerou tantos dissabores e desassossegos!

A inovação para o Bem, mesmo sendo um Bem, faz-vos sofrer com medo do desafio do novo.

Sei que quereis ficar eternamente no conforto de vossas vidinhas rotineiras e normativas, mas não é este o Caminho. O desconforto será passageiro, pois, enfrentando os desafios e vencendo-os com amor e perseverança, já estareis a provar vosso valor perante Deus.

Assim, tudo o que vier a acontecer será coberto de glórias e graças infinitas.

São muitos os desafios:

Desafios com vosso Planeta;

Desafios com vosso país;

Desafios com vossa cidade;

Desafios com vossa comunidade;

Desafios com vossa família;

Desafios com vossos amigos.

E, por fim, com vós mesmos como pessoas e filhos de Deus. Nesse item encontrais o maior desafio!

O melhor retorno a vós mesmos é encontrardes vossas próprias presença Divinas "Eu Sou".

Encontrareis então o que o Mestre Jesus, o Cristo, vos diz: "O Reino de Deus está dentro de vossos corações".

Muitos buscam por esse Reino no externo, nos amigos, na família, na casa, no trabalho ou até mesmo nas religiões e não o encontram, pois está dentro do próprio coração desde o momento do nascimento, quando receberam a alma que deu vida ao corpo. E para esse encontro glorioso não precisarão de grandes coisas, apenas aquietarem os corações e mentes por alguns minutos ao dia, com respiração rítmica, se possível em um ambiente silencioso e sentindo o coração sem interferências do externo.

Virão então Mestres e Guias de Luz ao vosso encontro para inspirar-vos e esclarecer-vos o caminho a seguir através de vossa Presença Eu Sou.

Essa ajuda ainda é necessária à maioria dos discípulos, porém chegará o momento em que todos, já como Mestres, saberão usar os próprios dons e dominar o próprio ser, elevando-se naturalmente ao Pai Criador e sentindo assim todo o júbilo e certeza do trabalho de cocriar maravilhas junto a Ele, para a Nova Era de Aquário, era de oportunidades, sabedorias e serviço ao próximo!

Assim, meus caros, elevando vossos pensamentos e sentimentos saireis da roda de samsara, que há tanto tempo vos atrasa o caminhar, mas que agora já está perdendo a força pelo Poder da Luz que adentra a humanidade com toda a Sua força e plenitude!

Conto convosco, amigos que caminhais em direção à Luz e que almejais um mundo melhor, nesta tarefa, que não é fácil, mas que também não é impossível.

Peço-vos, pois, que permaneceis no "Orai e Vigiai", perdoando vossos irmãos, amando incondicionalmente, tratando os assuntos do mundo com simplicidade, apartando-vos das contendas e prazeres exagerados, louvando e agradecendo sempre, por tudo em vossas vidas!

A Gratidão é a saída para a cura de todos os males e doenças, trazendo-vos a bênção da saúde de vossos quatro corpos: mental, emocional, etérico e físico.

Amados discípulos, vamos juntos caminhar em direção ao mais Alto Escalão da Luz Divina, que preenche todo o vosso ser com saúde, disposição, paz e amor, pois essa é a promessa do Pai a seus filhos benditos.

Com carinho e gratidão,
Paz e Luz,
Eu Sou Saint Germain

São Paulo, 22 de junho de 2016

"Brasil, pátria amada"

Amada filha,

Já podes perceber que estamos intimamente em ação no coração, ao teu dispor, pois através dos sinais podes sentir Nossa Presença ao teu lado e nas diversas situações que forem surgindo.

E continuará Nossa ajuda e participação aumentando cada vez mais, à medida que fiques em sintonia Divina e ligada a Nós 24 horas por dia.

Tudo será de acordo à Perfeição Divina, desenrolando os fatos então de acordo à premissa maior do Pai Criador.

Estamos em um momento de inúmeras oportunidades para o Brasil e o Planeta.

Achegues mais, minha pupila amada, te acolhemos com bondade e saber para poderes bem servir a Deus, cumprindo tua missão maior!

Chegará então o momento em que tu serás com o Cristo um só ser bendito, junto a Deus Pai e toda a Hierarquia Celeste.

Amada, dessa energia então surgirão os caminhos de volta ao Reino de Deus, junto a teus irmãos que, atraídos pela *força do Amor incondicional e Divino, virão a ti e ajudarás melhor então a todos por meio dessa corrente luminosa de Poder Infinito!*

Conte comigo, minha pequena, para o trabalho pela Mãe Terra e pelo Brasil, pátria do Evangelho, coração do mundo, celeiro de alimentos e amor da humanidade.

Amados filhos,

Todos os filhos do Brasil, essa terra bendita, estão sendo trabalhados e guardados seus melhores seres de Luz, para a ação definitiva e de muita importância ao Planeta Terra.

Todos os dirigentes políticos do Brasil passam por sistema de renovação e purificação para que assim se forme um quadro unânime de Sabedoria, de homens e mulheres, que governarão com justiça e honestidade.

A honestidade, a honra serão então características naturais nesses escolhidos, que não serão um só, mas muitos que em uníssono farão, com seu trabalho, tudo o que a maioria sonha para o Brasil pátria amada. Pátria onde não há preconceitos nem de raça nem de religiões ou costumes, pois está sendo há muito preparada para essa missão, que é receber, sem preconceitos e de braços abertos, todos os irmãos do Planeta, que para aqui virão.

E essa vinda já começou, mas aumentará bastante à medida que cada um faça sua parte e todas as partes juntas façam o grande trabalho conjunto pelo Bem.

7 lições:

Falar a Paz

Cantar a Paz

Sentir a Paz

Emanar a Paz

Pensar a Paz

Acionar a Paz

Reverberar a Paz

Com Amor,
Eu Sou Saint Germain

São Paulo, 26 junho de 2016

Amada filha Clarimaah,

Percebes agora que tudo é muito simples com relação às coisas de Deus?

Quando tudo converge para o Bem maior, quando o que é bom para Um é bom para todos, tudo se torna Luz, Amor e congraçamento individual e coletivo.

Amados, se emanardes Amor, Amor retornará a vós; se emanardes contendas, estas retornarão a vós; se amizade e compaixão, amizade e compaixão retornarão; se paciência e tolerância, paciência e tolerância também retornarão. Ao passo que, se enviardes falta de perdão e intolerância, o mesmo retornará a vós e muitas vezes em dose dupla!

Portanto, amados discípulos, orai o tempo todo e vigiai vossas vidas, pois nestes novos tempos novos rumos vos alcançarão para que ingresseis rápido na Nova Terra que adentra para a Quinta Dimensão, onde só reinarão a Paz e a União, base de toda Criação Divina e majestosa do Pai.

A Paz e o Amor serão sempre vosso escudo verdadeiro.

Eu Sou
Saint Germain

São Paulo, 11 de outubro de 2016

Sobre um encontro de oração

Amada filhinha Clarimaah,

Sabes que mexestes com energias de pessoas de corações endurecidos pela vida da matéria.

Porém, peço-te fiques firme, confiante e gloriosa, com a certeza do dever cumprido, pois onde chega a Luz se dissolvem as trevas! Nada nem ninguém tem o poder de tirar a graça Divina dada a todos que a almejaram com fé e devoção!

A devoção ao Pai Criador e o Amor que se estende a tudo e a todos é e sempre será a maior defesa e proteção que podes possuir neste mundo de provas.

Amada, estamos todos Nós, da Fraternidade de Deus Pai, ao teu lado, à frente, atrás, em cima e embaixo.

Podes sentir em teu doce coração Nossa Presença iluminadora, saneadora e redentora. Que a Graça Divina se estenda sob teu ser bendito, inundando-te com muito Amor, muita Luz e disposição no espírito, na alma no corpo!

Estamos guardando-te e amparando-te, amada filha! Nada temas!

O Cristo Jesus, teu Mestre, está contigo aspergindo-te com todo o Amor que vem do Pai Criador, e sentirás a Paz e o alento desse amado Mestre dos Mestres!

Filhinha, se com tuas palavras atingistes um só coração, já estará aí uma grande vitória! E com os livros Magnificat *estarão com a ferramenta em mãos para cada vez mais se aproximarem da Verdade e da Vida na presença Eu Sou de cada um.*

Portanto, amada, fica alegre, pois fizeste o Bem, levaste a palavra do Amor Divino, plantando assim várias sementes do bem!

Abençoo-te agora com a Luz violeta e azul cobalto, inundando-te por dentro e por fora.

Com carinho e
Amor,
Mestre Saint Germain e
Arcanjo Miguel

São Paulo, 19 de fevereiro de 2017

Grupo de oração

Amadas filhas, queridas discípulas,

Tenho cuidado de vós! De cada uma de vós! E tenho acompanhado cada uma em vosso dia a dia e aconselho-vos, assim como já aconselhei em outras mensagens, a focar só o bem, a pensar só o bem, a sentir só o bem, a falar só o bem, a olhar só o bem, a projetar só o bem e assim o bem voltará a vós. Essa energia é rápida e impulsiona imediatamente. É simples, amadas filhas, é tudo muito simples: aquilo que projetais, aquilo sereis, para onde olhais, aquilo sereis e fará parte de vossas vidas.

Colocai na consciência, no coração e na mente esse ensinamento, e vibrai o tempo todo nessa sintonia! Sereis reforçados em vossas Presenças Divinas se assim o fizerdes e recebereis todas as condições e ferramentas necessárias para essa dispensação. E podereis usar infinitamente a Chama Violeta para que isso se realize com pleno sucesso e estarei à vossa disposição para essa tarefa e esse exercício constante em vossas vidas. Assim é a Nova Era, essa é a energia da Quinta Dimensão: em simples palavras é o amor vibrando aqui e a todos, é o amor voltando a vós em três, em quatro vezes ou mais até. Experimentai esse exercício simplesmente nas pequenas coisas da vida e vereis formar um grande caudal de luz à vossa volta.

Essa Luz se expandirá e formará um grande escudo protetor, e ninguém poderá transpor esse grande cinto de Luz invencível, que será formado constantemente à vossa volta e que projetará a tudo e a todos, principalmente àqueles que colocardes pedindo a proteção. Sereis reforçadas em vossa saúde, mental, espiritual, etérica e física, automaticamente. O exercício será vosso alimento, vossa vitamina diária, e tudo transcorrerá na perfeita Ordem Divina. O Universo trabalhará a vosso favor em tudo que projetares de bom para vós e para aqueles que amais nesta vida.

Sou muito grato por essa reunião que estais a fazer e que abrange inúmeras almas que vêm aqui em busca de paz, em busca de um alento, de uma palavra. Quando estais reunidas, não importa o número em que estais, muitos vêm e também são protegidos, abençoados e instruídos em suas almas. E Também aqueles que não puderam vir à reunião estão e receber a mesma graça, a mesma Luz, a mesma energia milagrosa que aqui se forma e que sempre se formará todas as vezes que vós vos reunis em nome de Jesus.

Eu abençoo a cada uma de vós, com as luzes azul cobalto, verde-esmeralda, violeta, rosa, dourado e o rubi do amado Mestre Jesus.

Eu Sou Vosso Mestre Saint Germain

São Paulo, 20 de março de 2017

Grupo de oração

Amados filhos,

O céu está em júbilo de alegria e gratidão por vós que aqui vos reunis nesta noite com tanto amor, com tanta devoção, com tanta ternura, pois sinto o coração de cada um aqui neste instante e coloco no coração de cada um todo o meu amor! Como sabeis, estou muito perto de vós nestes novos tempos, nesta Nova Era para que possais, me ouvindo, serdes ajudados, orientados para que possais seguir vossos caminhos de luz, adentrando à Nova Era junto a este Planeta Azul.

Esse momento de recolhimento, de oração, de união, de congraçamento é um presente que o Pai dá a cada um que aqui está, pois cada um foi devidamente escolhido e trazido nesta reunião neste momento.

Esse momento é um momento de muita Luz que se irradia a todos os cantos do Planeta, é um momento de dispensação glorioso e ímpar, pois muitos foram curados, além de vós, vossos familiares e vossos amigos, vossos inimigos e tantos que aqui vieram em Presença Divina, a buscar essa cura, e saíram com alegria no coração e gratidão!

Peço-vos, pois, que cada um seja um elemento multiplicador dessa Luz e dessa Fé e da confiança que cada discípulo deve ter nas promessas Divinas. Que cada um, sempre estando com o coração e a mente elevados a Deus, possa levar aos outros irmãos essa Luz, essa energia, através do coração, do sentimento, da palavra, do olhar, da presença e principalmente do exemplo, pois vossos amigos, vossos familiares, ao sentir a Paz que emana de vossos corações, também ingressarão nessa energia da Quinta Dimensão do Planeta, para onde todos estão sendo convidados a ingressar. Digo-vos, pois, amados filhos, os avisos já estão a cessar, o Planeta Terra está a transformar, a transmutar as energias para que possa, saindo da Terceira Dimensão, ingressar na Quinta Dimensão que é o caminho natural. E vós devereis ingressar juntamente!

Muitos de vós pensam que a Terra é algo separado de vós, mais não é, sois a Terra, sois o mar, os minerais, os animais, sois os vegetais, sois uma coisa só, amados filhos, sois uma coisa só entre vós!

A partir do momento que sentirdes essa união em vossos corações, saireis da roda cármica e ingressareis à Nova Era de Paz, de Amor, de felicidade plena e saúde plena. Estarei sempre à vossa disposição para que possais agir com sabedoria, em vossas vidas pessoais, vossos relacionamentos e vossos pensamentos, dúvidas, medos, anseios e angústias. Estarei pronto para ajudar-vos através do raio violeta, que transmuta todas as energias de baixa frequência em Luz e elevação espiritual.

Muitas vezes a vida deixa-vos perdidos dentro dos próprios problemas do mundo, esquecendo-vos de Nós para que possamos ajudar-vos a transmutar todas as energias. É essa minha missão, é esse meu trabalho, amados filhos; por isso fui escalado para coordenar o Planeta Terra nos próximos 2 mil anos, mas preciso de vós para que Eu possa trazer essa energia de elevação, de amor incondicional, de conduta pacífica, de fé, confiança, principalmente de alegria. Assim só sentireis alegria em vossos corações, bem-estar, bem-aventurança e paz, que foi para isso que fostes criados pelo Pai.

Sois filhos e filhas perfeitas, filhas de Deus, filhos de Deus, feitos à sua imagem e semelhança, lembrai-vos sempre!

Agradeço este momento e gostaria de mais momentos como este daqui para a frente, para que vossos corações possam se unir nessa grande egrégora de Luz como no momento e assim, aos poucos, juntos podermos transmutar as energias do Planeta Terra e de vossos irmãos em humanidade que tanto carecem de vós! Acreditai, não estais sós, amados filhos, pois há outros irmãos na mesma sintonia, e muitos outros discípulos se unem a vós neste momento de Luz e Paz.

Estarei sempre dentro de vós e abençoo cada um de vós com minha Luz violeta e a Luz infinita que vem do Pai.

Eu Sou Vosso Mestre
Saint Germain

São Paulo, 30 de julho de 2017

Amados filhos,

Lembrai-vos sempre que a vitória chega quando vos proponeis, com disciplina, a procurar o Reino de Deus em primeiro lugar.

Tudo então virá às vossas mãos para o encontro final com vossas Presenças Divinas, onde dela podereis tirar toda orientação no caminho.

E o dia a dia baseado nessa premissa é sempre primoroso e feliz!

Então nada nem ninguém poderá apartar-vos desse estado perfeito do Ser em Deus Pai Criador, pois estareis ligados todas as horas e minutos ao Pai recebendo proteção e bênçãos o tempo todo! E irmanados entre vós nessa corrente Divina, podereis juntos transpor todos os obstáculos com coragem, principalmente com muita paz no coração e equilíbrio perfeito!

Amados, somos muitos a formar um grande cinturão de Luz Divina incandescente que banha a Terra e todos que nela habitam! E aqueles que estiverem com seus recipientes vazios das interferências humanas da velha energia receberão todo esse néctar em bondade, amorosidade e suavidade do Espírito Santo de Deus!

Portanto, amados, esvaziai vossos cálices para que possamos preenchê-los com todas as Luzes e bênçãos de Deus Pai! Então cocriareis maravilhas junto a Ele, que vos criou à Sua imagem e semelhança! Nada nem ninguém poderá apartar-vos do Amor de Deus que, através de Jesus Cristo, vos deu oportunidade de salvação e redenção!

A glória de Deus é eternamente invencível. Seu Amor é infinito e poderoso!!!

Abraçai esse Amor, amados filhos!!

Sois o templo de Deus, o templo deste Amor hoje e sempre!!!

Com todo o meu Amor-Luz que vem do Pai.

Eu Sou
Vosso Mestre Saint Germain

São Paulo, 21 de junho de 2017

Grupo de oração

Quanta alegria, quantos júbilos por essa noite, quantos discípulos amados, reunidos no mesmo espaço!

Estou muito grato por vossas Presenças Divinas reunidas, abençoando e emanando Amor a tudo e a todos.

Já vos disse, amados, que o tempo urge; já não podereis mais voltar ao antigo estado de ser, estado este ligado às antigas energias que agora se tornam desnecessárias para este momento do Planeta Terra, onde a Nova Era já entrou com toda a força de Luz. E já vos disse que aqueles que disserem sim a essa nova Luz, a essa nova energia, serão poupados de muitos dissabores, que se faz necessário ainda para a transformação e a evolução do Planeta e seus habitantes.

Por isso, amados filhos, permanecei na Luz de vossos corações e acreditai, tendes essa Luz, e aqueles que se abrirem receberão ainda mais, cada dia mais. Permanecei no aqui-agora da Luz de vossos corações, não vos preocupando com o dia de amanhã, mas vivendo cada dia, bem vivido, levando Amor e recebendo Amor, pois é dando que se recebe, já vos disse o Mestre. Esse Amor é infinito e, quanto mais doardes desse amor incondicional, mais recebereis do Universo em abundância de saúde, em prosperidade e tudo aquilo que pedirdes. Já vos disse, para onde dirigirdes vossa atenção, aquilo sereis. Sede Luz, sede amor, sede paz, sede harmonia, sede alegria! Permanecei no eterno agora, permanecei na paz! Um dia chegareis ao ser Crístico de cada um, se cada dia for bem vivido nessa promessa, nesse sentir. Que vossas ações sejam o reflexo de vosso sentir, que vossas ações sejam o reflexo de vossos pensamentos e palavras!

Estarei sempre convosco nestes tempos, que muitos chamam de tempos difíceis. Mas não, amados filhos, são tempos gloriosos, tempos de oportunidades, tempos de aberturas, mas também é um tempo de muita união para aqueles que estão sintonizados à Luz. Cocriareis assim maravilhas quando sentirdes em vossos corações que todos fazem parte do Um, do Todo do Pai Criador de todos os Universos.

O que está lá fora: a natureza, vossos irmãos, os animais, os minerais, os vegetais, tudo e todos fazem parte de cada um de vós. Por isso, amados, vibrai o melhor de cada um a tudo e a todos, essa é a mensagem desta noite.

Eu coloco uma pedra ametista no coração de cada um aqui presente, os que estão presentes fisicamente e os que estão presentes espiritualmente. Essa pedra é a pedra da transmutação, que transmutará tudo em vós que não seja Luz, que não seja Divino.

Toda a minha gratidão, todo o meu Amor a cada um aqui presente.

Eu sou
Vosso Mestre Saint Germain

O Mer-Ka-Ba

Existe outro fator importante que vamos enfocar nessa história. Há 13 mil anos éramos conscientes de algo sobre nós mesmos que, desde aquela época, esquecemos inteiramente: os campos de energia geométricos ao redor de nosso corpo podem ser ligados de determinada maneira, que também está ligada à nossa respiração. Esses campos costumavam girar a uma velocidade próxima à da luz ao redor de nosso corpo, mas sua velocidade diminuiu, e pararam de girar depois da queda. Quando esse campo torna a se ligar e a girar, ele é chamado de Mer-Ka-Ba, e sua utilidade nessa Realidade não tem paralelo. Ele nos proporciona uma consciência expandida de quem somos, conecta-nos com níveis superiores de consciência e restaura a memória das possibilidades infinitas de nosso ser.

Um Mer-Ka-Ba rotatório sadio mede de 15 a 20 metros de diâmetro, dependendo de nossa estatura. A rotação de um Mer-Ka-Ba pode ser exibida em um monitor de computador pelo uso de instrumentos adequados, e sua aparência é idêntica ao envoltório infravermelho de calor da galáxia, a mesma forma básica de um disco voador tradicional.

A palavra "Mer-Ka-Ba" é constituída de três palavras menores, Mer, Ka e Ba, as quais, como as estamos usando, provêm do Egito antigo. Ela é encontrada em outras culturas como merkabdh, merkaba e merkavah. Existem diversas pronúncias, mas geralmente a pronunciamos como se as três sílabas fossem separadas, com tonicidade igual em cada uma delas. Mer refere-se a um determinado tipo de luz que só foi compreendido no Egito durante a Oitava Dinastia. Era considerado como dois campos contrarrotatórios de luz girando no mesmo espaço, que são gerados por determinados padrões de respiração. Ka refere-se ao espírito individual e Ba refere-se ao intrépido espírito de sua realidade particular. Em nossa realidade particular, Ba é normalmente definido como o corpo ou realidade física. Em outras realidades onde os espíritos não têm corpo, ele se refere aos seus conceitos ou à interpretação da realidade que eles trazem consigo.

Portanto, o Mer-Ka-Ba é um campo de luz contrarrotatório que afeta o espírito e o corpo simultaneamente. É um veículo que pode levar o espírito e o corpo de um mundo ou dimensão para outro. Na verdade, o Mer-Ka-Ba é muito mais do que isso, porque ele tanto pode criar a realidade quanto se mover através de realidades. Para nossos propósitos aqui, entretanto, vamos nos concentrar principalmente nesse aspecto de um veículo, interdimensional (Mer-Ka-Vah significa "carruagem" em hebraico), que nos ajuda a regressar ao nosso estado de consciência superior original.